Comité para la Protección del Medio Ambiente (CPA)

I0101695

Manual sobre especies no autóctonas

Edición 2016

Secretariat of the Antarctic Treaty
Secrétariat du Traité sur L'Antarctique
Секретариат Договора об Антарктике
Secretaría del Tratado Antártico

Comité para la Protección del Medio Ambiente (CPA)

Manual sobre especies no autóctonas

Edición 2016

Secretaría del Tratado Antártico

Buenos Aires

2016

Comité para la Protección del Medio Ambiente (CPA)

Manual sobre especies no autóctonas. Edición 2016.

Buenos Aires: Secretaría del Tratado Antártico, 2016.

49 p.

ISBN 978-987-4024-32-9

1. Protección Ambiental. 2. Legislación internacional 3. Sistema del Tratado Antártico

DDC 578.6/2

La primera edición de este manual fue aprobada por la Reunión Consultiva del Tratado Antártico a través de la Resolución 6 (2011). El manual fue compilado y preparado por un Grupo de Contacto Intersesional (GCI) del Comité para la Protección del Medio Ambiente (CPA) entre 2009 y 2011. La segunda edición del manual fue elaborada por un GCI del CPA entre 2015 y 2016.

Publicado por:

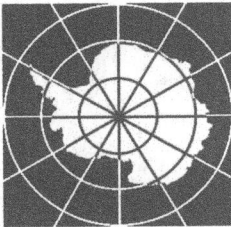

Secretariat of the Antarctic Treaty
Secrétariat du Traité sur L'Antarctique
Секретариат Договора об Антарктике
Secretaría del Tratado Antártico

Maipú 757, piso 4
C1006ACI - Ciudad Autónoma
Buenos Aires - Argentina
Tel: +54 11 4320-4250
Fax: +54 11 4320-4253

Este libro también está disponible en: www.ats.aq (versión digital) y para compras en línea.

ISBN 978-987-4024-32-9

Contenidos

1. Introducción

a) Objectivos

El objetivo general de las acciones de las Partes para abordar los riesgos que plantean las especies no autóctonas es:

Proteger la biodiversidad y los valores intrínsecos de la Antártida previniendo la introducción no intencional hacia la región antártica de especies que no son autóctonas de esa región y el traslado de especies entre una región biogeográfica y cualquier otra al interior de la Antártida.

Evitar la introducción no intencional es una meta ambiciosa, en línea con los principios del Protocolo al Tratado Antártico sobre Protección del Medio Ambiente (1991). En la práctica, se deben tomar medidas para reducir a un mínimo el riesgo de los impactos de las especies no autóctonas en la Antártida, y deben tomarse todas las medidas de prevención posibles.

b) Propósito y antecedentes

El propósito de este manual es ofrecer orientación a las Partes del Tratado Antártico a fin de cumplir con el objetivo (planteado anteriormente), es decir, reducir a un mínimo el riesgo de introducción accidental o no intencional de especies no autóctonas, y responder con eficacia en caso de producirse una introducción. El presente manual incluye principios rectores fundamentales y enlaces a las directrices y recursos prácticos recomendados que los operadores pueden aplicar y utilizar, según corresponda, para ayudar a cumplir con sus responsabilidades en virtud del Anexo II al Protocolo. Las directrices tienen carácter de recomendación y no todas se aplican a todas las operaciones. Se trata de un documento dinámico, que se actualizará y ampliará a medida que se desarrollen nuevos trabajos, investigaciones y prácticas recomendables para ofrecer mayor orientación. Estas medidas se recomiendan por considerarse apropiadas para colaborar con los esfuerzos de las Partes por evitar dichas introducciones accidentales o no intencionales o para tratar las especies no autóctonas ya establecidas, y no deberían considerarse obligatorias.

Este manual se centra en la introducción accidental o no intencional de especies no autóctonas. En este documento no se trata el tema de la introducción de especies no autóctonas que se haya producido en virtud de un permiso (de conformidad con el Artículo 4 del Anexo II al Protocolo Ambiental). No obstante, pueden aplicarse las orientaciones para responder a la introducción no intencional en respuesta a cualquier propagación de especies introducidas intencionalmente en virtud de permisos.

Gracias a la gran cantidad de investigaciones científicas sobre especies no autóctonas realizadas en la Antártida durante los últimos años (véase Referencias e información de apoyo) existe una mayor comprensión de los riesgos asociados a la introducción de especies no autóctonas, aunque siempre es bueno contar con más información. También es necesario profundizar los estudios sobre el impacto en los ecosistemas antárticos y realizar nuevas investigaciones que sustenten una respuesta rápida y eficaz. Otro objetivo del presente manual es apoyar y alentar nuevos esfuerzos que permitan llenar las lagunas en nuestros conocimientos. Las Partes, al momento de llevar a cabo sus evaluaciones medioambientales y procesos de autorización, deberían considerar métodos para garantizar que los proponentes de actividades en la Antártida estén informados de la existencia de este manual y de los recursos que se le asocian, y que implementen prácticas preventivas para reducir a un mínimo el riesgo de introducción de especies no autóctonas.

c) Contexto[1]

Las invasiones biológicas constituyen en todo el mundo una de las amenazas más importantes a la biodiversidad, arriesgan la supervivencia de las especies y son responsables de grandes cambios en la estructura y el funcionamiento de los ecosistemas. Pese al aislamiento y a las duras condiciones climáticas de la Antártida, la invasión de especies se reconoce actualmente como un grave riesgo para la región: las áreas libres de hielo de la Antártida y las islas subantárticas que las circundan albergan una gran proporción de las especies de aves marinas del mundo, y sus biotas terrestres, pese a no contar con una gran cantidad de especies, incluyen una gran proporción de taxones endémicos y bien adaptados. La riqueza de especies en el Océano Austral es mayor que la del medio terrestre antártico, y existe un alto nivel de endemismo. El cambio climático se está

---

[1] Esta sección se redactó con la contribución de varios científicos (D. Bergstrom, S. Chown, P. Convey, Y. Frenot, N. Gremmen, A. Huiskes, K. A. Hughes, S. Imura, M. Lebouvier, J. Lee, F. Steenhuisen, M.Tsujimoto, B. van de Vijver y J. Whinam) que participaron en el proyecto "Aliens in Antarctica" (especies exógenas en la Antártida) del Año Polar Internacional, y se adaptó tomando en consideración las observaciones de los miembros del GCI.

manifestando a gran velocidad en algunos sectores de la Antártida, por lo que es probable el aumento de la cantidad de especies introducidas y que resulte favorecida la colonización por parte de especies no autóctonas, con el consiguiente aumento de su impacto sobre los ecosistemas, como ya puede apreciarse en las islas subantárticas. Además de la introducción de especies que no pertenecen a la Antártida, la contaminación cruzada entre zonas libres de hielo, que incluyen, entre otros, nunataks aislados, o entre las diferentes áreas marinas, amenaza también la diversidad biológica y genética de las regiones biogeográficas, y este riesgo debe ser abordado. El mayor desarrollo de la actividad humana en estas regiones (que incluye actividades científicas, logísticas, turísticas, de pesca y de recreación) aumentará el riesgo de introducción no intencional de organismos cuyas características de ciclo biológico los benefician durante las fases de transporte, establecimiento y expansión de la invasión, y que probablemente se vean favorecidos por las condiciones de calentamiento y posiblemente por otros efectos del cambio climático. El trabajo de gestión de los riesgos ocasionados por las especies no autóctonas se ha centrado en reducir el riesgo de transferencia de especies entre los distintos lugares de la Antártida. En 2012, la XV Reunión del CPA refrendó 15 Regiones Biogeográficas de Conservación Antártica diferentes. La demarcación de esas regiones diferentes en lo biogeográfico respalda la gestión de los riesgos producidos por las especies no autóctonas asociados a los traslados entre las regiones al interior de la Antártida.

La gran mayoría de especies no autóctonas del mundo no se vuelven invasoras, pero las que sí lo hacen constituyen una de las mayores amenazas a la diversidad global. Por consiguiente, la clave está en evitar la introducción de especies no autóctonas. Si fracasa la prevención, cobra suma importancia la detección temprana y una rápida respuesta para eliminar a estas especies. Es más fácil combatir la invasividad si el descubrimiento de las especies no autóctonas se realiza en forma precoz. Además, la presencia de especies no autóctonas solamente "transitorias" o "persistentes", pero que aún no se han vuelto "invasoras", también es sumamente inconveniente en términos de protección de los valores ambientales y científicos de la Antártida, en especial porque tales especies tienen el potencial de volverse invasoras. Los actuales cambios medioambientales que se están produciendo en la Antártida, al igual que en otras partes del mundo, pueden ser los responsables de la alteración de la biodiversidad local en las próximas décadas o siglos. Es responsabilidad de las Partes y demás actores que desarrollan actividades en la región reducir a un mínimo la posibilidad de que los seres humanos sean un vector directo del cambio debido a la introducción de especies no autóctonas o a la propagación de enfermedades en los ecosistemas terrestre y marinos del área del Tratado Antártico.

La Reunión de Expertos del Tratado Antártico de 2010 sobre las implicaciones del cambio climático para la gestión y la gobernanza de la Antártida puso de relieve la importancia de tomar medidas para reducir el riesgo y el impacto de las especies no autóctonas en los ecosistemas antárticos. En la reunión:

• se reconoció que deben realizarse los mayores esfuerzos para evitar la introducción de especies no autóctonas y reducir a un mínimo el riesgo de introducciones gracias a los seres humanos a través de los programas nacionales y las actividades turísticas. Se destacó la importancia de garantizar la implementación integral de nuevas medidas para abordar este riesgo (párrafo 111, informe del Copresidente).

• se recomendó que el CPA "considere la posibilidad de usar métodos consagrados para identificar a) los ambientes antárticos que corren gran riesgo de establecimiento de especies no autóctonas y b) las especies no autóctonas que presentan un gran riesgo de establecerse en la Antártida" (Recomendación 22).

• se recomendó instar a las Partes para que, de forma integral y sistemática, tomen medidas de gestión tendientes a responder a las implicaciones ambientales del cambio climático, en particular, medidas para evitar la introducción y el traslado de especies no autóctonas, e informen sobre su efectividad (Recomendación 23).

En 2015, el CPA acordó la elaboración de un Programa de trabajo de respuesta para el cambio climático (CCRWP) con el propósito de promover estas y otras recomendaciones de la RETA relacionadas con el medioambiente (Resolución 4 [2015]). En el CCRWP se describen los problemas que enfrenta el CPA como resultado del cambio climático en la Antártida, las acciones y tareas necesarias para abordar estos problemas, su priorización y sugerencias sobre cómo se deben llevar a cabo las acciones de la mejor manera, cuándo se deben llevar a cabo, y quién las debe llevar a cabo. Uno de los problemas asociados al cambio climático que se identificaron es el posible aumento de la introducción y establecimiento de especies no autóctonas. El CCRWP recomienda que los miembros del CPA continúen su desarrollo del Manual sobre especies no autóctonas, garantizando la inclusión de los efectos del cambio climático, específicamente en el desarrollo de metodologías de vigilancia, de una respuesta estratégica, y la inclusión de especies no autóctonas en los lineamientos para la Evaluación del Impacto Ambiental (véase también el Anexo a este Manual).

El Plan de trabajo quinquenal del CPA es un documento dinámico que se actualiza año tras año con las prioridades de trabajo del Comité. El asunto de las especies no autóctonas está identificado en dicho Plan de Trabajo como una prioridad principal a la que el CPA y el Plan de Trabajo deben prestar atención, y puede orientar el futuro trabajo en la materia.

El Portal de medioambientes (www.environments.aq) es una fuente de información medioambiental revisada por expertos e incluye resúmenes temáticos sobre las especies no autóctonas (por ejemplo, Newman et al., 2014; Hughes y Frenot, 2015).

d) Glosario

La terminología relativa a las especies no autóctonas e invasoras no ha sido normalizada a nivel internacional y algunos de los términos que figuran a continuación se definen en el contexto específico de la Antártida:

Región biogeográfica: una región de la Antártida que se distingue en el aspecto biológico de las demás regiones. Pueden presentarse riesgos de invasión de especies no autóctonas para la biodiversidad o para los valores intrínsecos debido (1) al traslado de especies autóctonas entre las diferentes regiones biogeográficas a causa de las actividades humanas, o (2) la distribución de especies no autóctonas ya establecidas en una región biogeográfica hacia otras regiones, ya sea por el ser humano o por mecanismos naturales.

Confinamiento: La aplicación de medidas de gestión para prevenir la propagación de especies no autóctonas.

Control: El uso de métodos prácticos para confinar o reducir la viabilidad de una especie no autóctona.

Endémicas: especies nativas restringidas a una región o ubicación específica de la Antártida.

Erradicación: la eliminación permanente de una especie no autóctona.

Introducción/introducida: traslado directo o indirecto de un organismo fuera de su rango natural por parte de un agente humano. Este término puede aplicarse al traslado intercontinental o intracontinental de especies.

Invasora/invasión: especies no autóctonas que están ampliando su rango en la región antártica colonizada, lo cual causa el desplazamiento de las especies autóctonas y ocasiona un daño significativo a la diversidad biológica o al funcionamiento de los ecosistemas.

Especies no autóctonas/exógenas: organismos que se manifiestan fuera de su actual o anterior rango y potencial de dispersión natural, cuya presencia y dispersión en cualquier región biogeográfica del área del Tratado Antártico se debe a una acción humana no intencional.

Persistentes/establecidas: especies no autóctonas que han sobrevivido, se han establecido y se han reproducido durante muchos años en un lugar restringido en la Antártida, pero que no han ampliado su área de distribución fuera de un lugar específico.

Transitorias: especies no autóctonas que han sobrevivido en la Antártida en pequeñas poblaciones durante un periodo breve, pero que han desaparecido naturalmente o han sido retiradas a través de la intervención humana.

2. Principios rectores fundamentales

Para enfocarse con mayor precisión en el riesgo ambiental asociado a la introducción no intencional de especies no autóctonas en la Antártida, y a fin de orientar las acciones de las Partes de conformidad con el objetivo general se desarrollaron 11 principios rectores fundamentales. Estos principios se clasifican conforme a los tres componentes principales de un marco de gestión de especies no autóctonas: prevención, seguimiento y respuesta. Varios de los principios rectores fundamentales se aplican por igual a la prevención de la introducción y la propagación de agentes patógenos que pueden provocar enfermedades en la vida silvestre antártica.

Prevención

La prevención es el medio más eficaz para reducir a un mínimo los riesgos asociados a la introducción de especies no autóctonas y su impacto, y es responsabilidad de todos quienes viajan a la Antártida.

1. Generar conciencia en distintos niveles y hacia los diferentes públicos es un componente fundamental de la gestión. Todas las personas que viajan a la Antártida deben tomar las medidas adecuadas para evitar la introducción de especies no autóctonas.

2. El riesgo de introducción de especies no autóctonas debe identificarse y abordarse en la planificación de todas las actividades, incluso a través del proceso de Evaluación de Impacto Ambiental (EIA), en virtud del Artículo 8 y el Anexo I al Protocolo.

3. En ausencia de datos científicos iniciales sólidos, se debe aplicar un enfoque cautelar a fin de reducir a un mínimo el riesgo de introducción de especies no autóctonas a través de agentes humanos, así como el riesgo de transferencia local e intrarregional de propágulos hacia regiones vírgenes.

4. Las medidas de prevención tienen mayores probabilidades de ser implementadas y de resultar eficaces si:

- se centran en abordar las actividades y áreas con mayor nivel de riesgo;

- se desarrollan de manera tal que puedan adecuarse a las circunstancias particulares de la actividad o área en cuestión y en la escala correspondiente;

- son simples desde el punto de vista técnico y logístico;

- son de fácil aplicación;

- son efectivas en función de los costos y no demandan demasiado tiempo.

5. En las cadenas de logística y suministro, la prevención debería centrarse en las medidas previas a la partida:

• en el punto de origen fuera de la Antártida (por ejemplo, cargas, indumentaria personal, paquetes),

• en puntos de acceso a la Antártida (puertos, aeropuertos),

• en medios de transporte (buques, aeronaves),

• en estaciones y campamentos antárticos que son puntos de partida para actividades en otros lugares del continente.

6. Se debe prestar especial atención en garantizar la limpieza de los elementos que anteriormente se utilizaron en climas fríos (por ejemplo, zonas árticas, subantárticas o montañosas) que pueden convertirse en medios de transporte para especies "previamente adaptadas" que pueden ayudar al establecimiento en el entorno antártico.

Seguimiento

El seguimiento puede hacerse a manera de observación pasiva (por ejemplo, esperar que surjan especies no autóctonas), o focalizada (es decir, un programa activo de identificación de posibles especies no autóctonas). Contar con buenos datos de referencia iniciales acerca de la fauna y flora autóctonas es importante para contribuir al seguimiento de las especies no autóctonas.

7. Se debe alentar el seguimiento regular/periódico, con una frecuencia adecuada al posible riesgo, de los sitios de alto riesgo (por ejemplo, la vigilancia del área que rodea las estaciones de investigación, sin limitarse a esta zona).

8. Se deberán examinar y revisar periódicamente las medidas preventivas.

9. Las Partes y otros actores interesados deben intercambiar la información y las prácticas recomendables vinculadas con las especies no autóctonas.

Respuesta

Será esencial responder rápidamente y evaluar la factibilidad y conveniencia de erradicar las especies no autóctonas. Si la erradicación no resulta viable o conveniente, debe analizarse la posibilidad de tomar medidas de control y/o confinamiento.

10. Para tener eficacia, debe considerarse prioritaria la respuesta a las introducciones a fin de evitar un aumento del rango de distribución de las especies y hacer que la erradicación sea más sencilla, más efectiva en función de los costos y que tenga mayores posibilidades de éxito.

14

11. La eficacia de los programas de control o erradicación debe evaluarse regularmente, incluso los estudios de seguimiento.

3. Directrices y recursos para ayudar a evitar la introducción de especies no autóctonas

incluida la transferencia de especies entre uno y otro sitio de la Antártida y la detección y respuesta ante las especies no autóctonas establecida. En línea con el objetivo establecido para las acciones de las Partes en cuanto a abordar los riesgos que plantean las especies no autóctonas y con los principios rectores fundamentales (Secciones 1 y 2), se desarrollaron las siguientes directrices y recursos voluntarios que los operadores pueden aplicar y utilizar, según corresponda, para ayudar a cumplir con sus responsabilidades en virtud del Anexo II al Protocolo.

Prevención

1. El proceso de evaluación del impacto ambiental es un componente clave en la prevención de la introducción de especies no autóctonas y su posterior propagación.

Directrices

Lineamientos para la Evaluación del Impacto Ambiental en la Antártida

http://www.ats.aq/documents/ATCM39/att/atcm39_att013_rev1_s.doc

2. La prevención es el medio más eficaz para reducir a un mínimo los riesgos asociados a la introducción de especies no autóctonas.

Directrices:

La siguiente lista proporciona orientaciones generales sobre cómo prevenir la introducción de especies no autóctonas en la Antártida. Más adelante se describe información más específica:

• Salvo que se trate de ropa nueva, cerciórese de que las prendas destinadas a su uso en la Antártida se limpien con procedimientos de tintorería normales antes de ser enviadas a la Antártida. El calzado previamente usado debería limpiarse cuidadosamente antes de su llegada a la Antártida o al desplazarse entre un sitio antártico y otro.

• Se debe considerar dotar a las estaciones de investigación con los medios necesarios para la limpieza y el mantenimiento de la indumentaria y el equipo que

16

se utilizarán en el campo, particularmente cuando se trabaja en múltiples lugares o en lugares distintos.

• Se deben verificar las cargas para garantizar que no tengan contaminación visible (tierra, barro, vegetación, propágulos) antes de su carga en aeronaves o buques.

• Los vehículos deben limpiarse a fin de evitar la transferencia de especies no autóctonas a la Antártida y a sus alrededores.

• Antes de partir hacia la Antártida, se debe confirmar que no haya roedores en los buques.

• Las cargas se deben embalar, almacenar y cargar en un área con una superficie limpia y sellada (por ejemplo, brea, concreto libre de malezas, tierra, roedores y alejada de áreas de basurales). Estas áreas deben limpiarse e inspeccionarse en forma regular.

• No deben trasladarse contenedores, incluso contenedores conformes a las normas ISO, ni cajas o cajones de un sitio antártico a otro, salvo que se limpien antes de llegar a la nueva ubicación.

• Cerciórese de que las aeronaves intercontinentales se verifiquen y traten según sea necesario, cuando corresponda, para garantizar que se encuentren libres de insectos antes de partir hacia la Antártida.

• Los alimentos y residuos de alimentos se gestionan de manera estricta a fin de evitar que ingresen en el medioambiente (por ejemplo, se impide el acceso a estos por parte de la vida silvestre y se retiran de la Antártida o se incineran).

Durante la XV Reunión del CPA, el Comité reconoció la relevancia de las Regiones Biogeográficas de Conservación Antártica (RBCA) para su trabajo de hacer frente a los riesgos planteados por las especies no autóctonas, especialmente el riesgo de transferencia de especies entre lugares de la Antártida distintos en lo biológico. La descripción de las distintas Regiones Biogeográfica de Conservación Antártica se encuentra en: http://www.ats.aq/documents/recatt/Att500_s.pdf. El Mapa del Portal de Medioambientes Antárticos muestra en detalle las dimensiones de las Regiones Biogeográficas de Conservación Antártica y está disponible en: https://environments.aq/map/

Procedimientos para la limpieza de vehículos a fin de prevenir el traslado de especies no autóctonas hacia la Antártida y entre distintos lugares de la Antártida (Documento de Trabajo WP 8 de la XXXIII RCTA).

http://www.ats.aq/documents/ATCM33/wp/ATCM33_wp008_s.doc

Directrices para minimizar los riesgos de especies no autóctonas y enfermedades asociadas con instalaciones hidropónicas en la Antártida (Documento de Trabajo WP 25 de la XXXV Reunión de la RCTA).

http://www.ats.aq/documents/ATCM35/wp/ATCM35_wp025_rev1_s.doc

http://www.ats.aq/documents/ATCM35/att/ATCM35_att103_s.doc

Recursos:

Checklists for supply chain managers of National Antarctic Programmes for the reduction in risk of transfer of non-native species (Listas de verificación para los gestores de cadenas de suministro de los Programas Antárticos Nacionales para la reducción del riesgo de transferencia de especies no autóctonas) (COMNAP, SCAR 2010) https://www.comnap.aq/Shared%20Documents/nnschecklists.pdf

SCAR's environmental code of conduct for terrestrial scientific field research in Antarctica (Código de conducta ambiental del SCAR para las investigaciones científicas sobre el terreno en la Antártida). Documento de Información IP 4 de la XXXII RCTA)

http://www.ats.aq/documents/ATCM32/ip/ATCM32_ip004_e.doc

Código de conducta para la realización de actividades en los medioambientes geotérmicos terrestres en la Antártida. Resolución 3 (2016)

http://www.ats.aq/documents/ATCM39/att/atcm39_att018_s.doc

SCAR's code of conduct for the exploration and research of subglacial aquatic environments (Código de Conducta del SCAR para la Exploración e Investigación de Entornos Acuáticos Subglaciales) (Documento de Información IP 33 de la XXXIV RCTA)

http://www.ats.aq/documents/ATCM34/ip/ATCM34_ip033_e.doc

Generar conciencia acerca de la introducción de especies no autóctonas: Resultados del taller y listas de verificación para los gestores de cadena de suministro (Documento de Trabajo WP 12 de la XXXIV RCTA)

http://www.ats.aq/documents/ATCM34/wp/ATCM34_wp012_s.doc

http://www.ats.aq/documents/ATCM34/att/ATCM34_att014_e.pdf

http://www.ats.aq/documents/ATCM34/att/ATCM34_att015_e.pdf

Reducción del riesgo de introducción accidental de especies no autóctonas asociadas con la importación de frutas y vegetales frescos a la Antártida (Documento de Trabajo WP 6 de la XXXV RCTA)

http://www.ats.aq/documents/ATCM35/wp/ATCM35_WP006_s.doc

Biosecurity and quarantine guidelines for ACAP breeding sites (Directrices del ACAP sobre bioseguridad y cuarentena para los sitios de reproducción)

http://acap.aq/en/resources/acap-conservation-guidelines/2180-biosecurity-guidelines/file

Resultados del Programa del Año Polar Internacional (API): "Aliens in Antarctica" (Documento de Trabajo WP 5 de la XXXV RCTA)

http://www.ats.aq/documents/ATCM35/wp/ATCM35_wp005_s.doc

Continent-wide risk assessment for the establishment of non-indigenous species in Antarctica (Evaluación a nivel continental del establecimiento de especies no autóctonas en la Antártida) (Documento de antecedentes BP 1 de la XXXV RCTA)

http://www.ats.aq/documents/ATCM35/bp/ATCM35_bp001_e.pdf

3. Desarrollar y producir programas de sensibilización sobre los riesgos del traslado de especies no autóctonas hacia el continente y dentro de este, y sobre las medidas que se requieren para prevenir la introducción, para todas las personas que viajen hacia la Antártida o trabajen allí, incluido un conjunto normalizado de mensajes claves para estos programas de sensibilización. Los programas de educación y capacitación deben diseñarse de manera tal que se adecúen a las actividades y riesgos asociados con el público objetivo. En ciertos casos, esta adecuación debe contemplar los elementos claves de la información mencionada:

- Administradores de programas nacionales

- Responsables de logística/tripulación/contratistas

- Operadores turísticos/personal/tripulación

- Científicos

- Turistas

- Organizadores de expediciones privadas

- Operadores de buques pesqueros/personal/tripulación

- Personal de los proveedores/prestadores de servicios/depósitos

- Otros visitantes

Directrices:

Directrices Generales para visitantes a la Antártida

http://www.ats.aq/documents/recatt/Att483_s.pdf

Recursos:

Video instructivo acerca de la limpieza (proyecto "Aliens in Antarctica", 2010).

http://academic.sun.ac.za/cib/video/Aliens_cleaning_video%202010.wmv

Folleto "Don't pack a pest" ("No empaques una plaga") (Estados Unidos).

http://www.usap.gov/usapgov/travelAndDeployment/documents/PackaPest_brochure_Final.pdf

Folleto "Don't pack a pest" ("No empaques una plaga") (IAATO).

http://iaato.org/en_GB/dont-pack-a-pest

Boot, clothing and equipment decontamination guidelines (Directrices sobre descontaminación de equipos, prendas y calzado) (IAATO).

http://iaato.org/documents/10157/14310/Boot_Washing07.pdf/2527fa99-b3b9-4848-bf0b-b1b595ecd046

Folleto "Know before you go" ("Infórmese antes de viajar") (ASOC).

http://www.asoc.org/storage/documents/tourism/ASOC_Know_Before_You_Go_tourist_pamphlet_2009_editionv2.pdf

COMNAP Practical training modules: Module 2 – non-native species (Módulos de capacitación práctica del COMNAP: Módulo 2, especies no autóctonas) (Documento de Información IP 101 de la XXXVIII RCTA)

http://www.ats.aq/documents/ATCM38/ip/ATCM38_ip101_e.doc

http://www.ats.aq/documents/ATCM38/att/ATCM38_att102_e.pdf

4. Incluir la consideración de las especies no autóctonas en los futuros planes de gestión de ZAEP y ZAEA y en la revisión de los actuales y futuros planes de gestión.

Directrices:

Guía para la Preparación de Planes de Gestión para las Zonas Antárticas Especialmente Protegidas (Resolución 2 [2011]).

http://www.ats.aq/documents/ATCM34/att/ATCM34_att004_s.doc

5. Gestionar el agua de lastre de conformidad con las "Directrices prácticas para el cambio de agua de lastre en el Área del Tratado Antártico (Resolución 3 [2006]).

Directrices:

Directrices prácticas para el cambio de agua de lastre en el Área del Tratado Antártico, (Resolución 3 [2006]).

http://www.ats.aq/documents/recatt/Att345_s.pdf

Seguimiento

6. Registrar la introducción de especies no autóctonas y presentar los registros en la base de datos de especies exóticas gestionada por el Centro de Datos Antárticos de Australia (Australian Antarctic Data Centre, AADC), conforme a lo acordado por el CPA.

Base de datos para ingresar registros:

Alien species database (Base de datos de especies exógenas) (Documento de Información IP 68 de la XXXIV RCTA)

http://data.aad.gov.au/aadc/biodiversity/index_aliens.cfm

Recursos:

Colonisation status of known non-native species in the Antarctic terrestrial environment (Situación de la colonización de especies no autóctonas conocidas en el medioambiente terrestre de la Antártida: un examen). (Documento de Información IP 46 de la XXXVIII RCTA) http://www.ats.aq/documents/ATCM38/ip/ATCM38_IP046_e.doc

Biological invasions in terrestrial Antarctica: what is the current status and how can we respond? (Invasiones biológicas en la Antártida: la situación actual y cómo podemos responder) (Adjunto A, Documento de Información IP 46 de la XXXVIII RCTA)

http://www.ats.aq/documents/ATCM38/att/ATCM38_att090_e.pdf

Información complementaria (Adjunto B, Documento de Información IP 46 de la XXXVIII RCTA)

http://www.ats.aq/documents/ATCM38/att/ATCM38_att091_e.doc

Monitoring biological invasion across the broader Antarctic: a baseline and indicator framework (Seguimiento de las invasiones biológicas en la Antártida: línea de referencia y marco indicador) (Documento de Información IP 93 de la XXXVIII RCTA)

http://www.ats.aq/documents/ATCM38/ip/ATCM38_IP093_e.doc

Estado de la introducción de especies no autóctonas conocidas y su impacto (Portal de Medioambientes)

https://www.environments.aq/resumenes-informativos/estado-de-la-introduccion-de-especies-no-autoctonas-conocidas-y-su-impacto/

Respuesta

Una especie aparentemente nueva en la Antártida puede corresponder a (i) colonizadores naturales recientemente introducidos (por ejemplo, transportado por el viento o por las aves), (ii) una introducción reciente a través de agentes humanos (por ejemplo, asociada a la carga, la indumentaria o las pertenencias personales) o (iii) un habitante que ha estado durante mucho tiempo y que la ciencia no había detectado antes. Es importante conocer la historia de la colonización por nuevas especies, ya que ese es un factor que afectará la forma en que se manejen.

7. Desarrollar o emplear métricas de evaluación para ayudar a determinar si es probable que una especie recientemente descubierta haya llegado a través de vías de colonización natural o por medios humanos.

8. Cuando se detecte la posibilidad de una especie no autóctona, se debe solicitar el asesoramiento de expertos tan pronto como sea posible (esto incluye las enfermedades de especies silvestres).

Directrices:

Directrices para los visitantes y responsables ambientales que encuentren una especie terrestre o de agua dulce presuntamente no autóctona en el Área del Tratado Antártico (Documento de Trabajo WP 15 de la XXXIII RCTA).

http://www.ats.aq/documents/ATCM33/att/ATCM33_att010_s.doc

http://www.ats.aq/documents/ATCM33/att/ATCM33_att011_s.doc

Recursos:

El SCAR está bien posicionado para asistir en la identificación de los expertos que podrían aportar el asesoramiento adecuado de manera oportuna. El SCAR acordó identificar a un grupo de expertos que podría ser consultado en caso de detectarse una especie presuntamente no autóctona. Si se detectase una especie no autóctona, la comunicación con el grupo podría facilitarse a través del Director del Comité Permanente del SCAR en el Sistema del Tratado Antártico (SCATS, por sus siglas en inglés), quien coordinará y recabará las respuestas de los expertos.

Suggested framework and considerations for scientists attempting to determine the colonisation status of newly discovered terrestrial or freshwater species within the Antarctic Treaty Area (Propuesta de marco para los científicos que intentan determinar el estado de la colonización de áreas del Tratado Antártico por especies terrestres o de agua dulce recientemente descubiertas) (Documento de Información IP 44 de la XXXIII RCTA).

http://www.ats.aq/documents/ATCM33/ip/ATCM33_ip044_e.doc

Anexo: Directrices y recursos que requieren mayor atención o desarrollo

Además de las medidas, directrices y recursos que se han desarrollado (Sección 3), se han identificado los siguientes problemas asociados a especies no autóctonas que requieren de una mayor atención y de la elaboración de normativas. Se alienta el uso de estas directrices, recursos e información, así como el desarrollo de orientaciones más detalladas sobre estos asuntos para su inclusión en el Manual.

N.°	Directrices y recursos que requieren mayor atención o desarrollo	Actuales directrices, recursos o información
1	Reducir la distribución de las especies autóctonas de la Antártida entre las distintas regiones biogeográficas al interior del continente: • Identificar las regiones con mayor riesgo de introducciones. • Identificar las actividades, vectores y rutas que presentan un riesgo elevado para las diferentes regiones biogeográficas • Proporcionar orientaciones en torno a qué constituye un portal entre las regiones biogeográficas antárticas (según el tipo de organismo). • Elaborar medidas prácticas para abordar los riesgos asociados al transporte de personal y equipos entre distintos lugares de la Antártida. • Desarrollar estudios de referencia.	Regiones biogeográficas de conservación de la Antártida (RBCA) http://www.ats.aq/documents/recatt/Att500_s.pdf El Mapa del Portal de Medioambientes Antárticos muestra las dimensiones de las Regiones Biogeográficas de Conservación Antártica, y está disponible en: https://environments.aq/map/ Conocimientos actuales sobre la reducción de los riesgos planteados por especies terrestres no autóctonas: hacia un enfoque basado en datos probatorios (Documento de Trabajo WP 6 de la XXXIII RCTA) http://www.ats.aq/documents/ATCM33/wp/ATCM33_wp006_s.doc A framework for analysing and managing non-native species risks in Antarctica (Criterios para el análisis y la gestión del riesgo de especies no autóctonas en la Antártida (Documento de Información IP 36 de la XXXII RCTA). http://www.ats.aq/documents/ATCM32/ip/ATCM32_ip036_e.doc Documento de Trabajo WP 14 de la XXXIII RCTA (Reino Unido) 2010 – Traslado intrarregional de especies en áreas terrestres de la Antártida http://www.ats.aq/documents/ATCM33/wp/ATCM33_wp014_s.doc

N.°	Directrices y recursos que requieren mayor atención o desarrollo	Actuales directrices, recursos o información
2	Evitar la posterior distribución de especies no autóctonas hacia otros lugares de la Antártida: • Proporcionar orientaciones, y elaborar medidas prácticas de bioseguridad para reducir la transferencia antropogénica de especies no autóctonas al interior de la Antártida. • Proporcionar orientaciones sobre cómo reducir la transferencia natural de especies no autóctonas al interior de la Antártida..	Colonisation status of known non-native species in the Antarctic terrestrial environment (Situación de la colonización de especies no autóctonas conocidas en el medioambiente terrestre de la Antártida: un examen). Attachment A: Biological invasions in terrestrial Antarctica: what is the current status and how can we respond? (Adjunto A: Invasiones biológicas en la Antártida: la situación actual y cómo podemos responder) Attachment B. Supplementary information (Adjunto B: información complementaria) (Documento de Información IP 46 de la XXXVIII RCTA) http://www.ats.aq/documents/ATCM38/ip/ATCM38_IP046_e.doc http://www.ats.aq/documents/ATCM38/att/ATCM38_att090_e.pdf http://www.ats.aq/documents/ATCM38/att/ATCM38_att091_e.doc
3	Identificar posibles especies no autóctonas que presenten un riesgo elevado para los medioambientes antárticos: • Generar una lista, con descripciones adecuadas, de las posibles especies no autóctonas, basada en la experiencia de las islas subantárticas (u otros medios pertinentes) y las características biológicas y la adaptabilidad de los colonizadores "eficaces".	Conocimientos actuales sobre la reducción de los riesgos planteados por especies terrestres no autóctonas: hacia un enfoque basado en datos probatorios. Appendix 1 – Risk assessment protocol for springtails developed by Greenslade (Apéndice 1: Protocolo de evaluación del riesgo de colémbolos elaborado por Greenslade) (2002: página 341) (Documento de Trabajo WP 6 de la XXXIII RCTA) http://www.ats.aq/documents/ATCM33/wp/ATCM33_wp6_s.doc

N.°	Directrices y recursos que requieren mayor atención o desarrollo	Actuales directrices, recursos o información
		http://www.ats.aq/documents/ATCM33/att/ATCM33_att005_e.doc

N.°	Directrices y recursos que requieren mayor atención o desarrollo	Actuales directrices, recursos o información
4	Evitar la introducción de especies no autóctonas en el medio marino antártico: • Aumentar la comprensión de los riesgos y las rutas de introducción. • Llevar a cabo una evaluación de riesgos para identificar los hábitats marinos en riesgo de invasión. • Elaborar directrices específicas.	
5	Abordar los riesgos de especies no autóctonas (incluidos los microorganismos) asociados a la descarga de aguas residuales, incluido el riesgo de enfermedades para la vida silvestre local (véase más adelante la sección sobre enfermedades): • Aumentar la comprensión de los riesgos y las rutas de introducción. • Desarrollar directrices específicas para reducir la liberación de especies no autóctonas asociada a las descargas de aguas residuales.	Nuevos registros de microorganismos asociados a la presencia humana en el medio marino antártico (Documento de Trabajo WP 55 de la XXXV RCTA) http://www.ats.aq/documents/ATCM35/wp/ATCM35_wp055_s.doc Discharge of sewage and grey water from vessels in Antarctic Treaty waters (Descarga de aguas residuales y aguas grises desde buques en aguas de la zona del Tratado Antártico) (Documento de Información IP 66 de la XXXVI RCTA) http://www.ats.aq/documents/ATCM36/ip/ATCM36_ip066_e.doc Assessment of environmental impacts arising from sewage discharge at Davis Station (Evaluación de los impactos en el medio ambiente ocasionados por la descarga de aguas residuales en la estación Davis) (Documento de Antecedentes BP10 de la XXXV RCTA)

N.°	Directrices y recursos que requieren mayor atención o desarrollo	Actuales directrices, recursos o información
		http://www.ats.aq/documents/ATCM35/bp/ATCM35_bp010_e.doc Reducing sewage pollution in the Antarctic marine environment using a sewage treatment plant (Reducir la contaminación por aguas residuales en el medio marino antártico con el uso de una planta de tratamiento de aguas residuales) (Documento de Información IP 37 de la XXVIII RCTA) http://www.ats.aq/documents/ATCM28/ip/ATCM28_ip037_e.doc Wastewater treatment in Antarctica: challenges and process improvements (Tratamiento de aguas residuales en la Antártida: dificultades y mejoras en los procesos) (Documento de Información IP60 de la XXIX RCTA) http://www.ats.aq/documents/ATCM29/ip/ATCM29_ip060_e.doc

N.°	Directrices y recursos que requieren mayor atención o desarrollo	Actuales directrices, recursos o información
6	Limitar la introducción o redistribución de microorganismos que podrían afectar a las actuales comunidades microbianas en el medioambiente antártico: • Aumentar la comprensión de los riesgos y las rutas de introducción • Desarrollar directrices más específicas para evitar la introducción o la redistribución de microorganismos en el medioambiente antártico.	Huella humana en la Antártida y conservación a largo plazo de los hábitats microbianos terrestres (Documento de Trabajo WP 39 de la XXXVI RCTA) http://www.ats.aq/documents/ATCM36/wp/ATCM36_wp039_s.doc SCAR's code of conduct for the exploration and research of subglacial aquatic environments (Código de Conducta del SCAR para la Exploración e Investigación de Entornos Acuáticos Subglaciales) (Documento de Información IP 33 de la XXXIV RCTA) http://www.ats.aq/documents/ATCM34/ip/ATCM34_ip033_e.doc

N.°	Directrices y recursos que requieren mayor atención o desarrollo	Actuales directrices, recursos o información
7	Seguimiento de las especies no autóctonas en el medio marino y terrestre en la Antártida: • Desarrollar directrices para el seguimiento que tengan aplicación general. Es posible que en algunos lugares en particular se requiera un seguimiento más detallado o específico del sitio. • Implementar un seguimiento marino y terrestre tras el desarrollo de un marco de seguimiento. • Identificar a las personas que llevarán a cabo el seguimiento y la frecuencia con que se realizará. • Periódicamente debería presentarse al CPA un informe de estado acerca de las tareas de seguimiento establecidas.	Summary of environmental monitoring and reporting discussions (Resumen de los debates sobre vigilancia e informes sobre el medioambiente) (Documento de Información IP 07 de la XXXI RCTA) http://www.ats.aq/documents/ATCM31/ip/ATCM31_ip007_e.doc

N.°	Directrices y recursos que requieren mayor atención o desarrollo	Actuales directrices, recursos o información
8	Establecer las especies autóctonas presentes en los sitios antárticos para ayudar en la identificación de la escala y el alcance de las introducciones actuales y futuras (debido a que no resulta práctico realizar estudios en cualquier lugar deberían priorizarse los sitios en los que se lleva a cabo actividad humana [es decir, estaciones, sitios de campamentos científicos más visitados y sitios que reciben visitantes], y los sitios que tienen un alto valor o alta vulnerabilidad): • Compilar los datos actuales sobre biodiversidad (incluidos los ecosistemas terrestres, acuáticos y marinos). • Desarrollar directrices sobre la realización de estudios de referencia sobre biodiversidad.	Final report on the research project 'The impact of human activities on soil organisms of the maritime Antarctic and the introduction of non-native species in Antarctica' (Informe final sobre el proyecto de investigación "El impacto de las actividades humanas sobre los organismos edáficos de la Antártida Marítima y la introducción de especies no autóctonas en la Antártida) (Documento de Información IP 55 de la XXXVI RCTA) http://www.ats.aq/documents/ATCM36/ip/ATCM36_ip055_e.doc http://www.umweltbundesamt.de/uba-info-medien/4416.html

32

N.°	Directrices y recursos que requieren mayor atención o desarrollo	Actuales directrices, recursos o información
9	Responder rápidamente a la introducción de especies no autóctonas: • Elaborar directrices para una respuesta rápida, incluida información acerca de la erradicación práctica o confinamiento/control de plantas, invertebrados y otros grupos biológicos.	Eradication of a vascular plant species recently introduced to Whalers Bay, Deception Island (Erradicación de una especie de planta vascular introducida recientemente en la caleta Balleneros, isla Decepción) (Reino Unido, España, 2010) http://www.ats.aq/documents/ATCM33/ip/ATCM33_ip043_e.doc The successful eradication of *Poa pratensis* from Cierva Point, Danco Coast, Antarctic Peninsula (La erradicación exitosa de la especie *Poa pratensis* de la punta Cierva, costa Danco, Península Antártica) (Argentina, España y el Reino Unido, 2015) http://www.ats.aq/documents/ATCM38/ip/ATCM38_ip029_e.doc Eradication of a non-native grass *Poa annua* L. from ASPA No 128 Western Shore of Admiralty Bay, King George Island, South Shetland Islands (Erradicación de la hierba no autóctona *Poa annua* de la costa occidental de la bahía Almirantazgo (Bahía Lasserre), Isla 25 de Mayo (isla Rey Jorge), islas Shetland del Sur) (Polonia, 2015) http://www.ats.aq/documents/ATCM38/ip/ATCM38_ip078_e.doc

N.°	Directrices y recursos que requieren mayor atención o desarrollo	Actuales directrices, recursos o información
10	Tomar medidas para reducir el riesgo de introducción en la Antártida de patógenos vegetales y animales y su posterior propagación al interior de la región debido a la actividad humana: • Elaborar directrices (o aprobar formalmente las directrices existentes) para responder ante eventos de enfermedad. • Introducir medidas preventivas para disminuir los riesgos de introducción de enfermedades en la vida silvestre antártica, por ejemplo, directrices específicas para manejar los residuos originados en el campo y en las estaciones a efectos de reducir a un mínimo la introducción de especies no autóctonas. • Desarrollar los requisitos específicos de limpieza que podrían requerirse si existiese algún motivo para pensar que las personas, la indumentaria, los equipos o los vehículos han estado en contacto con animales	Informe del Grupo del Contacto Intersesional Permanente sobre las Enfermedades de la Fauna Antártica. Informe 2: medidas prácticas para disminuir el riesgo (proyecto) (Australia, 2001) http://www.ats.aq/documents/ATCM24/wp/ATCM24_wp011_s.pdf Análisis de determinación de presencia de especies no nativas, ingresadas al continente Antártico por vías naturales (Argentina, 2015) http://www.ats.aq/documents/ATCM38/wp/ATCM38_wp046_s.doc Health of Antarctic Wildlife: A Challenge for Science and Policy (Salud de la vida silvestre antártica: un reto para la ciencia y las normativas) (Kerry y Riddle, 2009). Si bien los eventos poco habituales de mortalidad animal pueden producirse por una variedad de motivos, las enfermedades pueden ser una causa probable. Por ello, los siguientes recursos pueden resultar relevantes: Mass animal mortality event response plan (Plan de respuesta ante mortalidad animal masiva) (British Antarctic Survey). Disponible en el sitio web del BAS. https://www.bas.ac.uk/

N.°	Directrices y recursos que requieren mayor atención o desarrollo	Actuales directrices, recursos o información
	enfermos o con agentes patógenos, o han estado en un área de riesgo de enfermedad reconocido.	Plan de respuesta a eventos poco habituales de mortalidad (Australia), mencionado en: http://www.ats.aq/documents/ATCM27/ip/ATCM27_ip071_e.doc Procedures for reporting a high mortality event (Procedimientos para informar sobre un evento de mortalidad elevada) (IAATO). Disponible en el sitio web de la IAATO. http://iaato.org/ http://www.ats.aq/documents/ATCM39/ip/ATCM39_ip119_e.doc

Referencias e información de apoyo

Nota: El Portal de Medioambientes (www.environments.aq) es una fuente de información medioambiental sobre la Antártida revisada por expertos que incluye resúmenes temáticos sobre las especies no autóctonas (por ejemplo, Newman *et al.*, 2014; Hughes y Frenot, 2015).

XXII RCTA - Documento de Información IP 04 (Australia) 1998 - Introduction of diseases to Antarctic wildlife: Proposed workshop (Introducción a las enfermedades de la fauna antártica: taller propuesto).

XXII RCTA - Documento de Trabajo WP 32 (Australia) 1999 - Informe a la XXIII RCTA sobre los resultados del Taller sobre enfermedades de la fauna antártica.

XXIV RCTA - Documento de Trabajo WP 10 (Australia) 2001 - Informe del Grupo del Contacto Intersesional Permanente sobre las Enfermedades de la Fauna Antártica. Informe 1 - Revisión y valoración de riesgo.

XXIV RCTA - Documento de Trabajo WP 11 (Australia) 2001 - Informe del Grupo del Contacto Intersesional Permanente sobre las Enfermedades de la Fauna Antártica. Informe 2: medidas prácticas para disminuir el riesgo (proyecto).

XXV RCTA - Documento de Información IP 62 (Australia) 2002 - Draft response plan in the event that unusual animal deaths are discovered (Borrador de un plan de respuesta en caso de encontrar muertes de animales poco habituales).

XXVII RCTA - Documento de Información IP 71 (Australia) 2004 - Australia's Antarctic quarantine practices (Prácticas de cuarentena en la Antártida de Australia).

XXVIII RCTA - Documento de Trabajo WP 28 (Australia) 2005 - Medidas para abordar la introducción no intencional y la propagación de biota no autóctona y enfermedades en la zona del Tratado Antártico.

XXVIII RCTA - IP37 (Reino Unido) 2005 - Reducing sewage pollution in the Antarctic marine environment using a sewage treatment plant (Reducir la contaminación por aguas residuales en el medio marino antártico con el uso de una planta de tratamiento de aguas residuales).

XXVIII RCTA - Documento de Información IP 97 (IAATO) 2005 - Update on boot and clothing decontamination guidelines and the introduction and detection of diseases in Antarctic wildlife: IAATO's perspective (Actualización de las directrices sobre descontaminación de prendas y calzado, y la introducción y detección de enfermedades en la fauna antártica: Perspectiva de la IAATO).

XXIX RCTA - Documento de Trabajo WP 05 Rev. 1 (Reino Unido) 2006 - Directrices prácticas para el cambio de agua de lastre en el Área del Tratado Antártico.

XXIX RCTA - Documento de Información IP 44 (Australia) 2006 - Principles underpinning Australia's approach to Antarctic quarantine management (Principios que sustentan el enfoque de Australia hacia la gestión de las cuarentenas).

XXIX RCTA - IP60 (Estados Unidos) 2006 - Wastewater treatment in Antarctica: challenges and process improvements (Tratamiento de aguas residuales en la Antártida: dificultades y mejoras en los procesos).

XXX RCTA - Documento de Información IP 49 (Australia, SCAR) 2007 - Aliens in Antarctica (Especies exógenas en la Antártida).

XXXI RCTA - Documento de Trabajo WP 16 (Australia) - Base de datos sobre especies no autóctonas en la Antártida.

XXXI RCTA - Documento de Información IP 07 (Australia) 2008 - Summary of environmental monitoring and reporting discussions (Resumen de los debates sobre vigilancia medioambiental y elaboración de informes).

XXXI RCTA - Documento de Información IP 17 (Australia, China, India, Rumania, Federación de Rusia) 2008 - Measures to protect the Larsemann Hills, East Antarctica, from the introduction of non-native species (Medidas para proteger a las colinas de Larsemann, Antártida Oriental, de la introducción de especies no autóctonas).

XXXI RCTA - Documento de Información IP 98 (COMNAP) - Survey on existing procedures concerning introduction of non native species in Antarctica (Estudio sobre los actuales procedimientos relativos a la introducción de especies no autóctonas en la Antártida).

XXXII RCTA - Documento de Trabajo WP 05 (Australia, Francia, Nueva Zelandia) 2009 - Programa de trabajo para la acción del CPA con respecto a las especies no autóctonas.

XXXII RCTA - Documento de Trabajo WP 23 (Sudáfrica) 2009 - El transporte de propágulos vinculado a las operaciones logísticas: evaluación sudafricana de un problema regional.

XXXIII RCTA – Documento de Trabajo WP 32 (Reino Unido) 2009 – Procedimientos propuestos para la limpieza de vehículos a fin de prevenir el traslado de especies no autóctonas a la Antártida y entre distintos lugares de la Antártida.

XXXII RCTA – Documento de Trabajo WP 033 (Reino Unido) 2009 – Examen de las disposiciones de los planes de gestión de ZAEP y ZAEA relativas a la introducción de especies no autóctonas

XXXII RCTA – Documento de Información IP 4 (SCAR) 2009 - SCAR's environmental code of conduct for terrestrial scientific field research in Antarctica (Código de conducta ambiental del SCAR para las investigaciones científicas sobre el terreno en la Antártida).

XXXII RCTA – Documento de Información IP 012 (Reino Unido) 2009 – ASPA and ASMA management plans: review of provisions relating to non-native species introductions (Examen de las disposiciones de los planes de gestión de ZAEP y ZAEA relativas a la introducción de especies no autóctonas).

XXXII RCTA – SP 11 (ATS) 2009 - Resumen temático de las deliberaciones del CPA sobre las especies no autóctonas (ENA) en la Antártida.

XXXIII RCTA – Documento de Trabajo WP 4 (SCAR) 2010 - Resultados preliminares del programa del Año Polar Internacional: Especies exógenas en la Antártida.

XXXIII RCTA – Documento de Trabajo WP 06 (SCAR, Australia) - Conocimientos actuales sobre la reducción de los riesgos planteados por especies terrestres no autóctonas: hacia un enfoque basado en datos probatorios.

XXXIII RCTA – Documento de Trabajo WP 8 (Reino Unido) 2010 – Procedimientos propuestos para la limpieza de vehículos a fin de prevenir el traslado de especies no autóctonas a la Antártida y entre distintos lugares de la Antártida.

XXXIII RCTA – Documento de Trabajo WP 9 (Francia) 2010 - Informe 2009 - 2010 del Grupo de Contacto Intersesional de composición abierta sobre especies no autóctonas.

Documento de Trabajo WP 14 de la XXXIII RCTA (Reino Unido) 2010 – Traslado intrarregional de especies en áreas terrestres de la Antártida

XXXIII RCTA - Documento de Trabajo WP 15 (Reino Unido) 2010 - Orientación para los visitantes y responsables ambientales que descubran una especie presuntamente no autóctona en el medio ambiente terrestre y de agua dulce de la Antártida.

XXXIII RCTA- Documento de Información IP 43 (Reino Unido, España) 2010 - Eradication of a vascular plant species recently introduced to Whaler's Bay, Deception Island (Erradicación de una especie de planta vascular introducida recientemente en la caleta Balleneros, isla Decepción).

XXXIII RCTA - Documento de Información IP 44 (Reino Unido) 2010 - Suggested framework and considerations for scientists attempting to determine the colonisation status of newly discovered terrestrial or freshwater species within the Antarctic Treaty Area (Propuesta de marco para los científicos que intentan determinar el estado de la colonización de áreas del Tratado Antártico por especies terrestres o de agua dulce recientemente descubiertas).

XXXIV RCTA - Documento de Trabajo WP 12 (COMNAP y SCAR) 2011 - Generar conciencia acerca de la introducción de especies no autóctonas: resultados de los talleres y listas de verificación para los gestores de cadena de suministro.

XXXIV RCTA- Documento de Trabajo WP 34 (Nueva Zelandia) 2011 – Informe 2010- 2011 del Grupo de Contacto Intersesional sobre especies no autóctonas.

XXXIV RCTA- Documento de Trabajo WP 53 (SCAR) 2011 - Medidas para reducir el riesgo de introducción de especies no autóctonas a la región antártica en relación con los alimentos frescos.

XXXIV RCTA - Documento de Información IP 26 (Alemania) 2011 - Progress report on the research project "The role of human activities in the introduction of non-native species into Antarctica and in the distribution of organisms within the Antarctic" (Informe de progreso del proyecto de investigación "El papel de las actividades humanas en la introducción de especies no autóctonas y la distribución de organismos en la Antártida).

XXXIV RCTA- Documento de Información IP 32 (Francia) 2011 – Report on the IPY Oslo Science Conference session on non-native species (Informe sobre la sesión de la Conferencia científica sobre especies no autóctonas del API en Oslo).

XXXIV RCTA - Documento de Información IP 50 (Reino Unido y Uruguay) 2011 – Colonisation status of known non-native species in the Antarctic terrestrial environment (update 2011) (Situación de la colonización de especies no autóctonas conocidas en el medioambiente terrestre de la Antártida (actualización 2011).

XXXIV RCTA- Documento de Información IP 68 (Australia y SCAR) 2011 - Alien species database (Base de datos de especies exógenas).

XXXV RCTA- Documento de Trabajo WP 05 (SCAR) 2012 – Resultados del Programa del Año Polar Internacional: Especies exógenas en la Antártida.

XXXV RCTA- Documento de Trabajo WP 06 (SCAR) 2012 – Reducción del riesgo de introducción accidental de especies no autóctonas asociadas con la importación de frutas y vegetales frescos a la Antártida.

XXXV RCTA- Documento de Trabajo WP 25 rev.1 (Australia y Francia) 2012 – Directrices para minimizar los riesgos de especies no autóctonas y enfermedades asociadas con instalaciones hidropónicas en la Antártida.

XXXV RCTA- Documento de Trabajo WP 55 (Chile) 2012 – Nuevos registros de microorganismos asociados a la presencia humana en el medio marino antártico.

XXXV RCTA - Documento de Información IP 13 (España, Argentina y el Reino Unido) 2012 – Colonisation status of the non-native grass *Poa pratensis* at Cierva

Point, Danco Coast, Antarctic Peninsula (Estado de la colonización de la especie Poa pratensis en punta Cierva, costa Danco, Península Antártica).

XXXV RCTA - Documento de Información IP 29 (Reino Unido) 2012 – Colonisation status of known non-native species in the Antarctic terrestrial environment (update 2012) (Situación de la colonización de especies no autóctonas conocidas en el medioambiente terrestre de la Antártida (actualización 2012).

XXXV RCTA - Documento de Antecedentes BP 01 (SCAR) 2012 – Continent-wide risk assessment for the establishment of nonindigenous species in Antarctica (Evaluación a nivel continental del establecimiento de especies no autóctonas en la Antártida).

XXXV RCTA- BP 010 (Australia) 2012 – Assessment of environmental impacts arising from sewage discharge at Davis Station (Evaluación de los impactos en el medio ambiente ocasionados por la descarga de aguas residuales en la estación Davis).

XXXVI RCTA- Documento de Trabajo WP 19 (Alemania) 2013 - Informe sobre el proyecto de investigación "El impacto de las actividades humanas sobre los organismos edáficos de la Antártida Marítima y la introducción de especies no autóctonas en la Antártida".

XXXVI RCTA - Documento de Trabajo WP 39 (Bélgica, SCAR, Sudáfrica y el Reino Unido) 2013 - Huella humana en la Antártida y conservación a largo plazo de los hábitats microbianos terrestres.

XXXVI RCTA- Documento de Información IP 28 (Reino Unido) 2013 – Colonisation status of known non-native species in the Antarctic terrestrial environment (update 2013) (Situación de la colonización de especies no autóctonas conocidas en el medioambiente terrestre de la Antártida (actualización 2013).

XXXVI RCTA - Documento de Información IP 35 (Argentina, España y el Reino Unido) 2013 - The non-native grass *Poa pratensis* at Cierva Point, Danco Coast, Antarctic Peninsula – on-going investigations and future eradication plans (La especie no autóctona poa pratensis en punta Cierva, costa Danco, Península Antártica: investigación en curso y planes para su futura erradicación).

XXXVI RCTA - Documento de Información IP 55 (Alemania) 2013 - Final report on the research project "The impact of human activities on soil organisms of the maritime Antarctic and the introduction of non-native species in Antarctica" (Informe final sobre el proyecto de investigación "El impacto de las actividades humanas sobre los organismos edáficos de la Antártida Marítima y la introducción de especies no autóctonas en la Antártida).

XXXVI RCTA- Documento de Información IP 66 (ASOC) 2013 - Discharge of sewage and grey water from vessels in Antarctic Treaty waters (Descarga de aguas residuales y aguas grises desde buques en aguas de la zona del Tratado Antártico).

XXXVII RCTA - WP 04 (Alemania) 2014 - Informe sobre el debate informal sobre turismo y sobre el riesgo de introducir organismos no autóctonos.

XXXVII RCTA - Documento de Información IP 23 (Reino Unido) 2014 - Colonisation status of known non-native species in the Antarctic terrestrial environment (update 2014) (Situación de la colonización de especies no autóctonas conocidas en el medioambiente terrestre de la Antártida (actualización 2014).

XXXVII RCTA - Documento de Información IP 83 (Argentina) 2014 - Registro de observación de dos especies de aves no nativas en la Isla 25 de Mayo (isla Rey Jorge), Islas Shetland del Sur.

XXXVIII RCTA - Documento de Trabajo WP 37 (Noruega y el Reino Unido) 2015 – Informe del GCI sobre cambio climático.

XXXVIII RCTA - Documento de Trabajo WP 46 (Argentina) 2015 - Análisis de determinación de presencia de especies no nativas, ingresadas al continente Antártico por vías naturales.

XXXVIII RCTA - Documento de Información IP 29 (Argentina, España y el Reino Unido) 2015 - The successful eradication of *Poa pratensis* from Cierva Point, Danco Coast, Antarctic Peninsula (La erradicación exitosa de la especie Poa pratensis de la punta Cierva, costa Danco, Península Antártica).

XXXVIII RCTA - Documento de Información IP 46 (Reino Unido, Chile y España) 2015 - Colonisation status of known non-native species in the Antarctic terrestrial environment: a review. Attachment A: Biological invasions in terrestrial Antarctica: what is the current status and how can we respond? Attachment B: Supplementary information. (Situación de la colonización de especies no autóctonas conocidas en el medioambiente terrestre de la Antártida: un examen Adjunto A: Invasiones biológicas en la Antártida: la situación actual y cómo podemos responder, Adjunto B. Información complementaria).

ATCM XXXVIII - Documento de Información IP 78 (Polonia) 2015 - Eradication of a non-native grass *Poa annua* L. from ASPA No. 128 Western Shore of Admiralty Bay, King George Island, South Shetland Islands (Erradicación de la hierba no autóctona *Poa annua* de la costa occidental de la bahía Almirantazgo (Bahía Lasserre), Isla 25 de Mayo (isla Rey Jorge), islas Shetland del Sur).

XXXVIII RCTA - IP 93 (SCAR) Monitoring biological invasion across the broader Antarctic: a baseline and indicator framework (Seguimiento de las invasiones biológicas en la Antártida: línea de referencia y marco indicador).

Augustyniuk-Kram, A., Chwedorzewska, K.J., Korczak-Abshire, M., Olech, M., Lityńska–Zając, M. 2013 - An analysis of fungal propagules transported to the *Henryk Arctowski* Station. Pol. Polar Res. 34, 269–278.

Chown, S.L., Convey, P. 2007 - Spatial and temporal variability across life's hierarchies in the terrestrial Antarctic. Phil. Trans. R. Soc. B, 362, 2307–2331.

Chown, S.L., Lee, J.E., Hughes, K.A., Barnes, J., Barrett, P.J., Bergstrom, D.M., Convey, P., Cowan, D.A., Crosbie, K., Dyer, G., Frenot, Y., Grant, S.M., Herr, D., Kennicutt, M.C., Lamers, M., Murray, A., Possingham, H.P., Reid, K., Riddle, M.J., Ryan, P.G., Sanson, L., Shaw, J.D., Sparrow, M.D., Summerhayes, C., Terauds, A., Wall, D.H. 2012 - Challenges to the future conservation of the Antarctic. Science, 337, 158-159.

Chown, S.L., Huiskes, A.H.L., Gremmen, N.J.M., Lee, J.E, Terauds, A., Crosbie, K., Frenot, Y., Hughes, K.A., Imura, S., Kiefer, K., Lebouvier, M., Raymond, B., Tsujimotoi, M., Ware, C., Van de Vijver, B., Bergstrom, D.M. 2012 - Continent-wide risk assessment for the establishment of nonindigenous species in Antarctica. Proc. Nat. Acad. Sci. USA, 109, 4938-4943.

Chwedorzewska, K J., Korczak, M. 2010 - Human impact upon the environment in the vicinity of Arctowski Station, King George Island, Antarctica. Pol. Polar Res., 31, 45-60.

Chwedorzewska, K.J., Bednarek, P.T. 2012. - Genetic and epigenetic variation in a cosmopolitan grass *Poa annua* from Antarctic and Polish populations. Pol. Polar Res., 33, 63-80.

COMNAP, SCAR. 2010 - Checklists for supply chain managers of National Antarctic Programmes for the reduction in risk of transfer of non-native species. Available at: https://www.comnap.aq/Shared%20Documents/nnschecklists.pdf

Convey, P. 2011 - Antarctic terrestrial biodiversity in a changing world. Polar Biol., 34, 1629-1641.

Convey, P., Frenot, Y., Gremmen, N. & Bergstrom, D.M. 2006 - Biological Invasions. In Convey P., Huiskes A. & Bergstrom D.M. (eds) Trends in Antarctic Terrestrial and Limnetic Ecosystems. Springer, Dordrecht pp. 193-220.

Convey, P., Hughes, K. A., Tin, T. 2012 - Continental governance and environmental management mechanisms under the Antarctic Treaty System: sufficient for the biodiversity challenges of this century? Biodiversity. 13, 1–15.

Cowan, D.A., Chown, S. L., Convey, P., Tuffin, M., Hughes, K.A., Pointing, S., Vincent, W.F. 2011 - Non-indigenous microorganisms in the Antarctic - assessing the risks. Trends Microbiol., 19, 540-548.

Cuba-Díaz, M., Troncoso, J. M., Cordero, C., Finot, V.L., Rondanelli-Reyes, M. 2012 - *Juncus bufonius* L., a new alien vascular plant in King George Island, South Shetland Archipelago. Antarct. Sci., 25, 385–386.

Curry, C. H., McCarthy, J.S., Darragh, H.M., Wake, R.A., Todhunter, R., Terris, J. 2002. Could tourist boots act as vectors for disease transmission in Antarctica? J. Travel Med., 9, 190-193.

Dartnall, H.J.G. 2005 – Are Antarctic planktonic rotifers anthropogenic introductions? Quekett J. Microscopy, 40, 137-143.

De Poorter, M., Gilbert, N., Storey, B., Rogan-Finnemore, M. 2006 Final Report of the Workshop on "Non-native Species in the Antarctic", Christchurch, New Zealand, 10-12 April 2006.

Everatt, M.J., Worland, M.R., Bale, J.S., Convey, P., Hayward, S.A. 2012 - Pre-adapted to the maritime Antarctic? - Rapid cold hardening of the midge, *Eretmoptera murphyi*. J. Insect Physiol., 58, 1104-1111.

Falk-Petersen, J., Bohn, T., Sandlund, O.T. 2006. On the numerous concepts in invasion biology. Biological Invasions, 8, 1409-1424.

Frenot, Y., Chown S.L., Whinam, J., Selkirk P.M., Convey, P, Skotnicki, M., Bergstrom D.M. 2005 - Biological invasions in the Antarctic: extent, impacts and implications. Biological Rev., 80, 45-72.

Gielwanowska, I., Kellmann-Sopyla, W. 2015 – Generative reproduction of Antarctic grasses, the native species *Deschampsia antarctica* Desv. and the alien species *Poa annua*. Polish Polar Res. 36, 261-279.

Greenslade, P., Potapov, M., Russell, D., Convey, P. 2012 - Global Collembola on Deception Island. J. Insect Sci., 12, 111.

Headland, R. K. 2012 - History of exotic terrestrial mammals in Antarctic regions. Polar Rec., 48, 123-144.

Houghton, M., McQuillan, P.B., Bergstrom, D.M., Frost, L., Van Den Hoff, J., and Shaw, J. 2014 - Pathways of alien invertebrate transfer to the Antarctic region. Polar Biol., 39, 23-33.

Hughes, K.A., Convey, P. 2010 - The protection of Antarctic terrestrial ecosystems from inter- and intra-continental transfer of non-indigenous species by human activities: a review of current systems and practices. Global Environmental Change, 20, 96-112. DOI:10.1016/j. gloenvcha.2009.09.005.

Hughes, K.A., Worland, M.R. 2010 - Spatial distribution, habitat preference and colonisation status of two alien terrestrial invertebrate species in Antarctica. Antarct. Sci., 22, 221-231.

Hughes, K.A., Convey, P. 2012 - Determining the native/non-native status of newly discovered terrestrial and freshwater species in Antarctica - current knowledge, methodology and management action. J. Environ. Man., 93, 52-66.

Hughes, K.A., Convey, P. 2014 - Alien invasions in Antarctica – is anyone liable? Polar Res., 33, 22103. http://dx.doi.org/10.3402/polar.v33.22103

Hughes, K.A., Frenot, Y. 2015 - Status of known non-native species introductions and impacts. Antarctic Environments Portal Information Summary Version 1.0. https://environments.aq/information-summaries/status-of-known-non-native-species-introductions-and-impacts/

Hughes, K.A., Ashton, G.V. 2016 – Breaking the ice: the introduction of biofouling organisms to Antarctica on vessel hulls. Aquat. Conserv. DOI: 10.1002/aqc.2625.

Hughes, K.A., Walsh, S., Convey, P., Richard, S., Bergstrom, D. 2005 – Alien fly populations established at two Antarctic research stations. Polar Biol., 28, 568-570.

Hughes, K.A., Convey, P., Maslen, N.R., Smith, R.I.L. 2010 - Accidental transfer of non-native soil organisms into Antarctica on construction vehicles. Biological Invasions, 12, 875-891. DOI:10.1007/s10530-009-9508-2.

Hughes, K.A., Lee, J.E., Ware, C., Kiefer, K., Bergstrom, D.M. 2010 - Impact of anthropogenic transportation to Antarctica on alien seed viability. Polar Biol., 33, 1123-1130.

Hughes, K.A., Lee, J.E., Tsujimoto, M., Imura, S., Bergstrom, D.M., Ware, C., Lebouvier, M., Huiskes, A.H.L., Gremmen, N.J.M., Frenot, Y., Bridge P.D., Chown, S. L. 2011 - Food for thought: risks of non-native species transfer to the Antarctic region with fresh produce. Biological Conservation, 144, 1682–1689.

Hughes, K.A., Fretwell, P., Rae, J. Holmes, K., Fleming, A. 2011 - Untouched Antarctica: mapping a finite and diminishing environmental resource. Antarct. Sci., 23, 537-548.

Hughes, K.A., Worland, M.R., Thorne, M., Convey, P. 2013 - The non-native chironomid *Eretmoptera murphyi* in Antarctica: erosion of the barriers to invasion. Biological Invasions, 15, 269-281.

Hughes, K.A., Huiskes, A.H.L, Convey, P. 2014 - Global movement and homogenisation of biota: challenges to the environmental management of Antarctica? In T. Tin, D. Liggett, P. Maher, and M. Lamers (eds). The Future of

Antarctica: Human impacts, strategic planning and values for conservation. Springer, Dordrecht. DOI: 10.1007/978-94-007-6582-5_5

Hughes, K.A., Cowan, D.A., and Wilmotte, A. 2015 - Protection of Antarctic microbial communities – 'Out of sight, out of mind'. Front. Microbiol. DOI: 10.3389/fmicb.2015.00151

Hughes, K.A., Pertierra, L.R., Molina-Montenegro, M., Convey, P. 2015. Biological invasions in Antarctica: what it the current status and can we respond? Biodivers. Conserv., 24, 1031-1055.

Huiskes, A.H.L., Gremmen, N.J.M., Bergstrom, D.M., Frenot, Y., Hughes, K.A., Imura, S., Kiefer, K., Lebouvier, M., Lee, J.E., Tsujimoto, M., Ware, C., Van de Vijver, B., Chown, S.L. 2014 - Aliens in Antarctica: Assessing transfer of plant propagules by human visitors to reduce invasion risk. Biol. Conserv., 171, 278-284.

Kerry, K.R., Riddle, M. (Eds.) 2009 - Health of Antarctic Wildlife: A Challenge for Science and Policy, Springer Verlag, ISBN-13: 9783540939221.

Lee, J.E., Chown, S.L. 2009 – *Mytilus* on the move: transport of an invasive bivalve to the Antarctic. Mar. Ecol. Prog. Ser., 339, 307-310.

Lee, J.E., Chown, S.L. 2009 – Breaching the dispersal barrier to invasion: quantification and management. Ecol. Appl., 19, 1944-1959.

Lee, J.E., Chown, S.L. 2009 – Temporal development of hull-fouling assemblages associated with an Antarctic supply vessel. Mar. Ecol. Prog. Ser., 396, 97-105.

Lee, J.E., Chown, S.L. 2011 - Quantification of intra-regional propagule movements in the Antarctic. Antarct. Sci., 23, 337-342.

Lewis, P.N., Bergstrom, D.M., Whinam, J. 2006 – Barging in: A temperate marine community travels to the subantarctic. Biol. Invasions, 8, 787-795.

Lewis, P.N., Hewitt, C.L., Riddle, M., McMinn, A. 2003. Marine introductions in the Southern Ocean: an unrecognised hazard to biodiversity. Mar. Pollut. Bull., 46, 213-223.

Litynska-Zajac, M., Chwedorzewska, K., Olech, M., Korczak-Abshire, M., Augustyniuk-Kram, A. 2012 - Diaspores and phyto-remains accidentally transported to the Antarctic Station during three expeditions. Biodivers. Conserv., 21, 3411-3421.

McGeoch, M.A., Shaw, J.D., Terauds, A., Lee, J.E., Chown, S.L. 2015 - Monitoring biological invasion across the broader Antarctic: A baseline and indicator framework. Glob. Environ. Change. DOI: 10.1016/j.gloenvcha.2014.12.012

Molina-Montenegro, M., Carrasco-Urra, F., Rodrigo, C., Convey, P., Valladares, F., Gianoli, E. 2012 - Occurrence of the non-native annual bluegrass (*Poa annua*) on the Antarctic mainland and its negative effects on native plants. Conserv. Biol., 26, 717-723.

Molina-Montenegro, M., Carrasco-Urra, F., Acuna-Rodriquez, I., Oses, R., Torres-Díaz, C., Chwedorzewska, K.J. 2014 - Assessing the importance of human activities for the establishment of the invasive *Poa annua* in Antarctica. Polar Res., 33, 21425. http://dx.doi.org/10.3402/polar.v33.21425

Molina-Montenegro, M.A., Pertierra, L.R., Razeto-Barry, P., Díaz, J., Finot, V.L., Torres-Díaz, C. 2015 - A recolonization record of the invasive *Poa annua* in Paradise Bay, Antarctic Peninsula: modeling of the potential spreading risk. Polar Biol., 38, 1091-1096. DOI: 10.1007/s00300-015-1668-1

Newman, J., Coetzee, B.W.T., Chown, S.L., Terauds, A., McIvor, E. 2014 - The introduction of non-native species to the Antarctic. Antarctic Environments Portal Information Summary Version 1.0. http://environments.aq/information-summaries/the-introduction-of-non-native-species-to-antarctica/

Nielsen, U.N., Wall, D.H. 2013 - The future of soil invertebrate communities in polar regions: different climate change responses in the Arctic and Antarctic? Ecol. Lett., 16, 409-419.

Olech, M., Chwedorzewska, K.J. 2011 - The first appearance and establishment of an alien vascular plant in natural habitats on the forefield of a retreating glacier in Antarctica. Antarct. Sci., 23, 153-154.

Osyczka, P. 2010 - Alien lichens unintentionally transported to the "Arctowski" station (South Shetlands, Antarctica). Polar Biol., 33, 1067-1073.

Osyczka, P., Mleczko, P., Karasinski, D., Chlebicki, A. 2012 - Timber transported to Antarctica: a potential and undesirable carrier for alien fungi and insects. Biol. Invasions, 14, 15-20.

Pearce, D.A., Hughes, K.A., Lachlan-Cope, T., Harangozo, S.A., Jones, A.E. 2010 - Biodiversity of air-borne microorganisms at Halley station, Antarctica. Extremophiles, 14, 145-159.

Pertierra, L.R., Lara, F., Benayas, J., Hughes, K.A. 2013. *Poa pratensis* L., current status of the longest-established non-native vascular plant in the Antarctic. Polar Biol., 36, 1473-1481.

Potter, S. 2006 - The Quarantine Management of Australia's Antarctic Program. Australasian. J. Environ. Man., 13, 185-195.

Potter, S. 2009 - Protecting Antarctica from Non-Native Species: The Imperatives and the Impediments. In G. Alfredsson and T. Koivurova (eds), D. Leary sp. ed. The Yearbook of Polar Law, vol. 1, pp. 383-400.

Ranjith, L., Shukla, S.P., Vennila, A., Gashaw, T.D. 2012 - Bioinvasion in Antarctic Ecosystems. Proc. Nat. Acad. Sci. India Sect. B – Biol. Sci., 82, 353-359.

Reisinger, R. R., McIntyre, T., Bester, M. N. 2010 - Goose barnacles hitchhike on satellite-tracked southern elephant seals. Polar Biol., 33, 561-564.

Russell, D.J., Hohberg, K., Otte, V., Christian, A., Potapov, M., Brückner, A., McInnes, S.J. 2013 - The impact of human activities on soil organisms of the maritime Antarctic and the introduction of non-native species in Antarctica. Federal Environment Agency (Umweltbundesamt). http://www.uba.de/uba-info-medien-e/4416.html

Russell, D. J., Hohberg, K., Potapov, M., Brückner, A., Otte, V., Christian, A. 2014 - Native terrestrial invertebrate fauna from the northern Antarctic Peninsula: new records, state of current knowledge and ecological preferences – Summary of a German federal study. Soil Org., 86, 1-58.

SATCM XII - WP 6 (Australia) 2000 - Diseases of Antarctic Wildlife.

Smith, R.I.L. 1996 - Introduced plants in Antarctica: potential impacts and conservations issues. Biol. Conserv., 76, 135–146.

Smith, R.I.L., Richardson, M. 2011 - Fuegian plants in Antarctica: natural or anthropogenically assisted immigrants? Biol. Invasions, 13, 1-5.

Tavares, M., De Melo, G.A.S. 2004 – Discovery of the first known benthic invasive species in the Southern Ocean: the North Atlantic spider crab Hyas araneus found in the Antarctic Peninsula. Antarct. Sci., 16, 129-131.

Terauds, A., Chown, S.L., Morgan, F., Peat, H.J., Watts, D.J., Keys, H., Convey, P., Bergstrom, D.M. 2012 - Conservation biogeography of the Antarctic. Divers. Distrib., 18, 726-741.

Tin, T., Fleming, Z.L., Hughes, K.A., Ainley, D.G., Convey, P., Moreno, C.A., Pfeiffer, S., Scott, J., Snape, I. 2009 - Impacts of local human activities on the Antarctic environment. Antarct. Sci., 21, 3-33.

Tsujimoto, M., Imura, S. 2012 - Does a new transportation system increase the risk of importing non-native species to Antarctica? Antarct. Sci., 24, 441-449.

Tsujimoto, M., Imura, S. 2013 - Biosecurity measures being implemented at Australian Antarctic Division against non-native species introduction into Antarctica. Antarct. Rec., 57, 137-150.

Walther, G.-R., Roques, A., Hulme, P.E., Sykes, M.T., Pysek, P., Kühn, I., Zobel, M. 2009. Alien species in a warmer world: risks and opportunities. Trends Ecol. Evol., 24, 686-693. DOI:10.1016/j.tree.2009.06.008.

Whinam, J., Chilcott, N., Bergstrom, D.M. 2005 – Subantarctic hitchhikers: expeditioners as vectors for the introduction of alien organisms. Biol. Conserv., 21, 207-219.

Whinam, J. 2009 - Aliens in the Sub-Antarctic - Biosecurity and climate change. Papers and Proceedings of the Royal Society of Tasmania, 143, 45-52.

Wódkiewicz, M., Galera, H., Chwedorzewska, K.J., Gielwanowska, I., Olech, M. 2013 - Diaspores of the introduced species *Poa annua* L. in soil samples from King George Island (South Shetlands, Antarctica). Arct. Antarct. Alp. Res. 45: 415-419.

Wodkiewicz, M, Ziemianski, M., Kwiecien, K., Chwedorzewska, K.J., Galera, H. 2014 - Spatial structure of the soil seed bank of *Poa annua* L.- alien species in the Antarctic. Biodivers. Conserv., 23, 1339-1346.

Volonterio, O., de León, R.P., Convey, P., Krzeminska, E. 2013 - First record of Trichoceridae (Diptera) in the maritime Antarctic. Polar Biol., 36, 1125-1131.

Secretaría del Tratado Antártico

Maipú 757 Piso 4 (C1006ACI) – Buenos Aires – Argentina

www.ats.aq

ats@ats.aq